地図っておもしろい！③

# いろいろな地図で考えてみよう

監修
**早川明夫**
（文教大学）

国土社

# もくじ

## 1章 どうして？ 地図が大変身！

開聞岳をあらわすのに、どの地図を選ぶ？ …………… 4

## 2章 地図でも、こんなにちがうの？

これは、何屋さんの地図？ …………………………… 13

赤くぬられているのは、なに？ ……………………… 15

霊場の地図からわかることは？ ……………………… 17

地下鉄の路線図に増えた情報とは？ ………………… 19

この地図は、だれのために？ ………………………… 21

何の範囲をあらわした地図？ ………………………… 23

海底の地形図からわかることは？ …………………… 25

はやかわ先生

あきおくん

なつきさん

# 3章 境界線やデータの地図がおもしろい！

何が同じところを結んだ線かな？ …………………… 27

現在の都道府県の境界線は、どれ？ …………………… 29

海岸線がなくなると……？ …………………… 31

これも、日本地図なの？ …………………… 33

都道府県ごとの特ちょうは？ …………………… 35

アフリカの開発途上国に共通する問題は？ ………… 37

# 4章 地図から昔のこともわかるの？

寺が集まっているのは、なぜ？ …………………… 39

等高線の変化は、どうして？ …………………… 41

どうして御土居はつくられた？ …………………… 43

ウェゲナーが気づいたことは？ …………………… 45

さまざまな地図で考えて、気づいたことは？ ……… 47

マップ

はるみさん

# 1章 どうして？ 地図が大変身！

## 開聞岳をあらわすのに、どの地図を選ぶ？

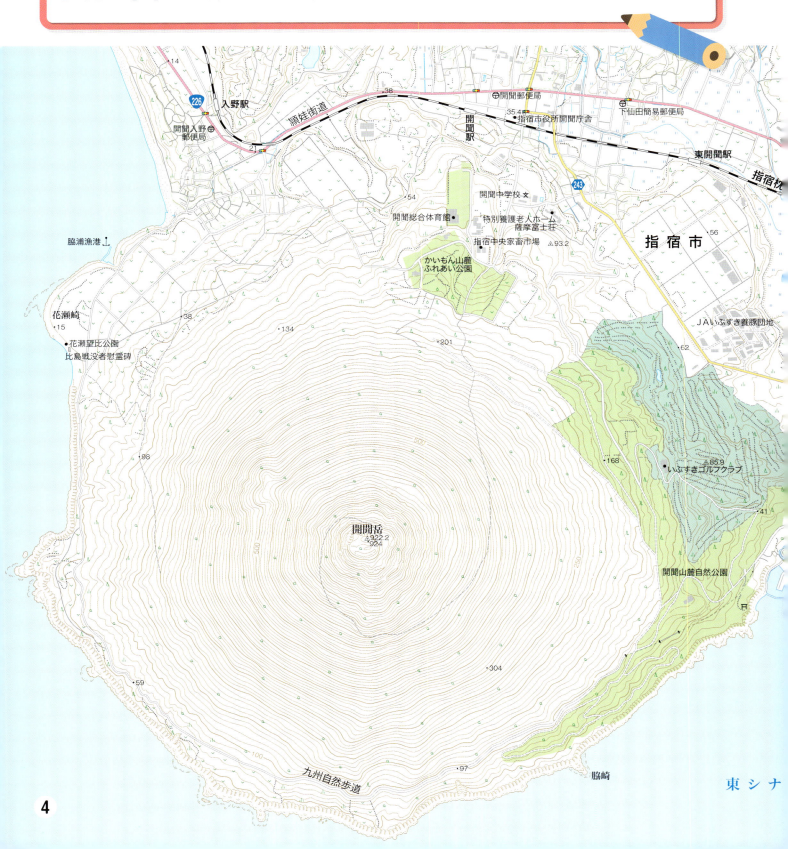

### 横から見た開聞岳

この地形図は、縮尺（➡2巻18〜19ページ）が23000分の1で、鹿児島県にある開聞岳とそのまわりをあらわしたものだよ。よく見かける、ふつうの地形図だ。
さて、これから、この地形図がどんどん変身していくよ。じつは、これからしょうかいする地図の変身は、地図について理解するうえで、とても大切なことなんだ。
まずは、この地形図から、等高線（➡2巻22〜23ページ）をはずしてみるよ。どんなふうになるかな？

### 開聞岳の位置

鹿児島県
開聞岳

等高線がなくなると、スッキリとして見やすくなったわ。けど、少しさびしいような、もの足りない気もするわ……。それに、開聞岳が山なのかどうかが、わかりにくくなってしまったわね。

そのとおりだね。じゃあ、次は、もともとの等高線の情報をもとにして、この地形図に色やかげをつけてみよう。開聞岳は山のように見えるかな？

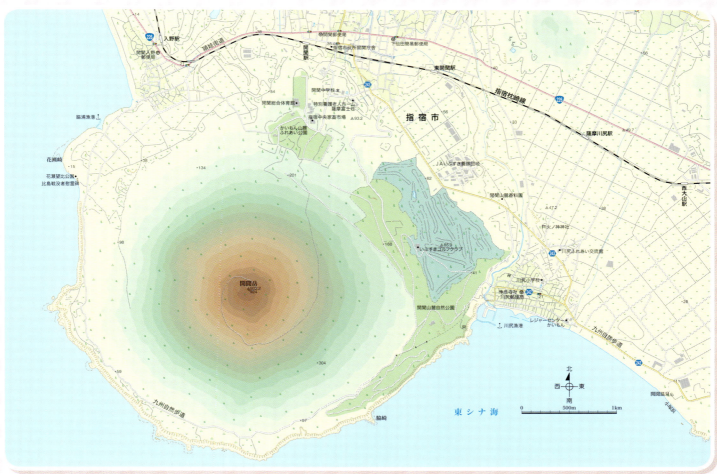

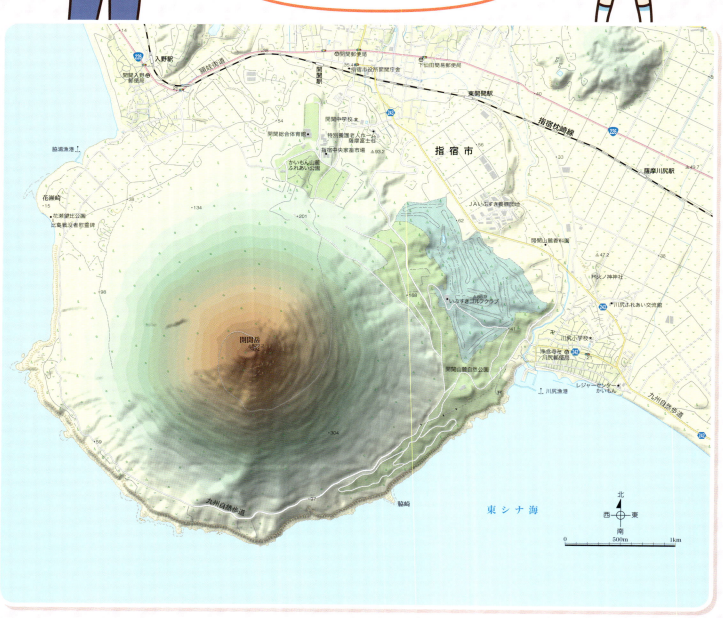

さらに、7ページの2枚の地形図の色とかげを組み合わせると、こうなるよ！

わあ、ずいぶんと山っぽく見えるよ！なんとなく頂上のようすもわかるし。右上（北東）の丘やがけのようすも立体的に見えるわよ。だけど、正確な標高は、頂上やふもとの数値があるところしか、わからないわね。

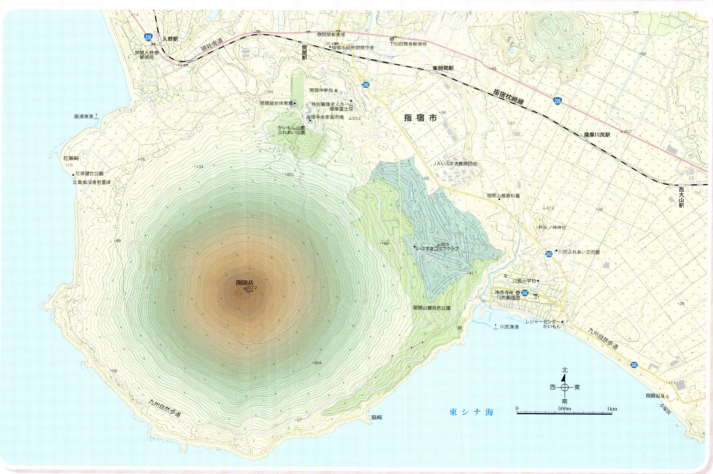

この地形図は、9ページの地図から色だけを消したものね。

こっちは、かげをとりのぞいたものだよ！もともとの等高線だけの地形図に近づいてきたね。

このように1枚の地形図に等高線・色・かげをくわえたり、消したりするだけで、同じ山でも、あらわし方がまったくちがってくるんだ。
これは、地図をつくったり、読んだりするうえで、とても大切な考え方だよ。
近年の情報技術の発達によって、電子地図のデータに、さまざまな情報をのせた地図を重ねあわせることができるようになった。これまでの紙の地図だけではできなかったようなことが、どんどんできるようになっているんだ。

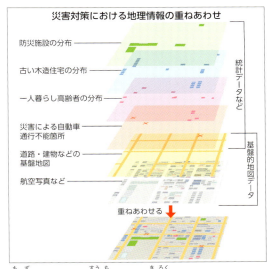

地図のデータは数値として記録され、コンピュータであつかえるようになっている。

（国土地理院のホームページより作成）

### コラム　GIS（地理情報システム）

　ベースとなる電子地図の上に、いろいろな情報をのせた地図を重ねていく。そうすると、コンピュータの地図上に、さまざまな情報が視覚的に浮かび上がり、理解しやすくなるよ。情報を目で理解できるようになると、これまで気づかなかったことに気づいたり、ちがう視点からとらえたりできる。そして、その情報の傾向やパターンなどを高度に分析できるようになるんだ。このように、コンピュータ上でさまざまな地理空間の情報を重ねあわせるシステムのことをGISというよ。
　地図を何枚も重ねるためには、すべて同じ位置をあわせる必要があるよ。電子地図の位置情報は数値データになっているから、地図の4つの角の位置情報（座標）さえあわせれば、いろいろな地図を重ねていくことができるんだ。デジタルの地図になったからこそ、これまで見えなかったものが、よく見えるようになるんだ。

情報をのせた地図をうまく重ねれば、必要な情報だけを選んで、地図を見る人に伝えることができるね。

地図を重ねあわせれば、標高によって色を変えたり、かげをつけたりして、地図を見やすいようにデザインできるわ。

カーナビやスマホの地図も、こうやって作成されていたのね！

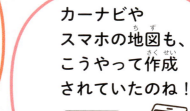

わたしたちが目にするさまざまな地図は、1枚の地図をもとにして、必要な情報をのせた地図を何枚も重ねてつくられているんだね。
次のページからは、いろいろなテーマの地図をしょうかいしていくよ。どのような情報がどのような目的で、重ねられているのかを考えながら、さまざまな地図について学んでいこう！

 **コラム** 一般図と主題図

テーマを限定せず、地名・地形・交通・土地利用のようすといった基本的な情報をあらわした地図のことを「一般図」というよ。地形図や世界地図などは、代表的な一般図だ。

いっぽう、一般図をもとにつくられ、テーマをしぼって情報をあらわした地図のことを「主題図」というんだ。

**ポイント**

さまざまな種類の地図は、ベースとなる基本的な地図に、必要な情報をのせた地図を重ねることによって作成されている。地図であらわしたいテーマや目的によって、色を分けたり、線やかげをつけたりして表現をくふうしている。コンピュータ上で地図を重ねることによって、高度な情報を分析・管理できるようになり、カーナビやスマホなど身近なところでも役立っている。

# 2章 地図でも、こんなにちがうの？

## これは、何屋さんの地図？

この地図は、あるお店がお客さんのためにつくって、見せている地図だよ。
さて、この地図は、何屋さんが、だれのためにつくっている地図なのかな？
地図の中の情報をよ〜く見て、考えてみよう！

- 魚屋さん
- ケーキ屋さん
- 不動産屋さん
- ラーメン屋さん

ケーキ屋さんやラーメン屋さんの地図なら、行き方がわかればいいんだから、情報が多すぎる気がするわ。

ふつうの地形図よりも、建物の名前がいっぱい書いてあるんじゃないかな？書いてあるのは……病院とか、学校とか、銀行の名前が多いかなあ。

保育園や幼稚園も、こまかく書かれているわ。公園やバス停のように、わたしたちも、よく行く場所の名前が多い気がするよ。

そのとおり。この地図には、お客さんが知りたがっているバス停や病院などの名前が具体的に文字で書かれているよ。コンビニ・保育園・学校・病院・公園・銀行・バス停など、くらしに必要な身近な情報を、お客さんがほしがるお店といえば……正解は、家や土地を売っている不動産屋さんの地図だったんだね。

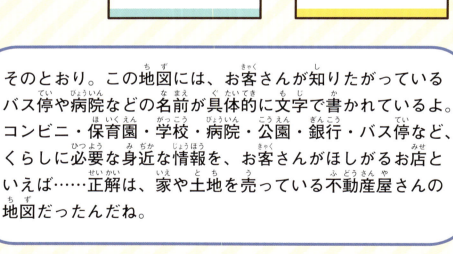

**こたえ**

不動産屋さんが、家や土地をさがしているお客さん向けにつくっている地図。

# 赤くぬられているのは、なに？

この地図は、東京駅とそのまわりの地図だよ。よく見ると、駅のまわりには、ビルの名前がたくさん書かれているね。それでは、この地図に見られる赤くぬられているところや、赤く書かれている文字は、何をあらわしているんだろう？

東京駅は、日本の交通網の中心となっている駅だね。

赤くぬられているのは、駅や道路に重なっているところが多いけど、全部ではなくて、とぎれとぎれにぬられているよ。

赤い文字と黒い文字には、どんなちがいがあるんだろう…。駅の名前も、赤いところと黒いところがあるわ。

赤くぬられているところのまわりには、「B5」とか、「D8」とか、ナゾの記号がふってあるよ。
いったい、何をあらわしているのかしら。

赤くぬられているところは、地下のようすをあらわしているんだ。赤い文字は地下にある駅などを、「B5」のようなナゾの記号は地下鉄の出入口をあらわしているよ。
東京のような大都市には、地下鉄や地下街など、地下に広がる空間が多い。地上の地図に重ねて色分けすることにより、同じ地図に地下の情報もあらわすことができるんだね。

**こたえ**　地下鉄の駅とその出入口、地下街など地下のようす。

# 霊場の地図からわかることは？

「お遍路」ということばを聞いたことがあるかな？
四国にある八十八ヶ所の霊場をめぐり、参拝することだよ。この八十八ヶ所の霊場を、下の地形のようすをあらわした地図にしめしてみると、あることがわかりやすくなるよ。この地図からは、どんなことが読みとれるのかな？

[四国八十八ヵ所全霊場]

※八十八ヶ所の霊場には、一番から八十八番まで番号がふってあるけれど、どこから、めぐり始めても良いことになっている。

この地図の茶色くなっているところは、山かな？すると、緑のところは山じゃないところかなあ。

お寺の番号を順番に追っていけば、何か、わかることがあるのかしら……。

17

この地図からわかるように、四国には、けわしい山地がそびえ立っているところもある。
八十八ヶ所を番号の順に追っていくと、できるだけ地形のけわしいコースを避けて、なだらかなところを歩けるように番号がふられていることがわかるよ。
これは、四国の地形と霊場の位置という2つの情報を重ねてみて、初めて見えてくることなんだ。

## コラム　お遍路

お遍路は、空海（弘法大師）が修行したといわれる、四国の八十八ヶ所の霊場をめぐることだよ。空海は、平安時代を代表する僧のひとりだよ。唐（当時の中国）へ留学して仏教を学び、帰国してからは真言宗を開いて、高野山に金剛峯寺を建てたり、天皇から平安京の東寺（教王護国寺）を与えられたりしたんだ。空海は讃岐国（現在の香川県）の出身なので、四国には、室戸岬や満濃池（日本最大の農業用のため池）など、空海ゆかりの地が多いんだ。

当初のお遍路は修行僧が中心だったけれど、江戸時代、旅が流行するとともに、庶民にも広まっていったんだ。

お遍路では、白衣を着てすげ笠をかぶり、持鈴や法衣である輪袈裟をつけ、金剛杖を手に歩くんだ。1日平均30kmほどを40～60日かけて、約1400kmにもなるルートを歩いてめぐるのが基本だけれど、自動車・鉄道・自転車などを使って、八十八ヶ所をめぐることもできるんだよ。

## こたえ

けわしい地形をできるだけ避けて霊場をめぐれるように、番号がふられていること。

# 地下鉄の路線図に増えた情報とは？

この地図は、首都圏の地下鉄の路線をあらわした地図（路線図）だよ。首都圏には、こんなにたくさんの地下鉄が走っているんだね。
この地下鉄の路線図には、2004年、新しい情報が追加されたんだ。何のために、どんな情報が増えたのか、この路線図をよ〜く見て、考えてみよう！

> いろいろな色の線が地下鉄の路線だね。

> 路線がまじわる駅にたくさん番号が書いてあるわ。

地下鉄の路線の種類や駅の並びなどを正しく伝えるための地図なので、かならずしも距離や位置は正確ではない。

地下鉄の終点の駅とつながっている私鉄も多いわ。地下鉄が私鉄まで乗り入れてるのね。

地下鉄の路線は、色で区別できるようになっているんだね！

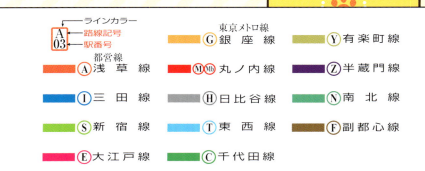

路線記号：地下鉄の路線ごとにつけられている。
駅番号：電車が通過する順番に、連続する数字が駅につけられている。

「駅ナンバリング」は、近年、全国の鉄道や地下鉄で始められた取り組みだ。路線図だけでなく、駅名をあらわす看板など、駅のいたるところで「駅ナンバリング」が表示されるようになっているぞ。

もともと地下鉄の路線図の駅は、名前だけが書かれていたんだ。ところが、この路線図には、アルファベットと数字も書かれているね。これは「駅ナンバリング」といって、たくさんの駅をかんたんな記号と番号であらわしたものなんだ。
首都圏の地下鉄の路線は複雑だから、情報を追加すると、路線図は見づらくなる。けれど、「駅ナンバリング」によって、外国人や観光客など地下鉄に慣れていない人でも、駅をすぐに識別できるようにくふうしているんだ。地図では、記号や番号を使えば、情報が増えても、わかりやすい地図になることもあるんだ。

## こたえ

外国人や観光客など地下鉄に慣れていない人でもわかるように「駅ナンバリング」が採用された。

# この地図は、だれのために？

この2枚のうち、上はふつうの地形図、下はそれと同じ範囲の地図だよ。この2枚の地図を見くらべてみると、下の地図は、たくさんの情報が省略されたり、追加されたりしていることがわかるね。いったい、下の地図は、どのような人のためにつくられた地図なんだろう。

（国土地理院発行・縮尺25000分の1地形図『横浜東部』）

下の地図には、電車の路線とか駅とか、交通の情報が書きこまれているわ。でも、郵便局や病院や学校が、どこにあるかはわからないわね。

オレンジ色で名前が書かれているのは、何だろう？博物館や動物園があるけど……。

カタカナや英語で書かれているのは、お店の名前かしら？けど、スーパーとかコンビニではなさそうね。

下の地図は、ここに初めてやって来た買物客や観光客が、買物・食事・見学・体験などを楽しめる場所の情報をのせた観光マップだよ。青や緑の文字はレストランや買物にオススメのお店、オレンジや赤の文字は観光地や見学スポットだよ。この地図は、郵便局や病院など、くらしに必要な情報がはぶかれているから、地元でくらしている人のためのものではないんだね。

下の地図の凡例
- ● おすすめ注目スポット
- ● おすすめ遊びスポット
- ● おすすめ食事スポット
- ● おすすめ買い物スポット
- ■ 公園・緑地

こたえ

買物客や観光客のための観光マップ。

# 何の範囲をあらわした地図？

この地図では、色の濃さによって、4つに範囲が分けられているよ。これは、富士山が噴火してしまったときにおこりうることを予測した範囲なんだ。
いったい、どのような範囲を予測した地図なんだろう？

富士山のまわりは範囲の色が濃いけど、富士山からはなれていくほど、色が薄くなっているね。

色がぬられているところは、富士山から東側に広がっているわね。どうしてだろう？

（内閣府の資料より作成）

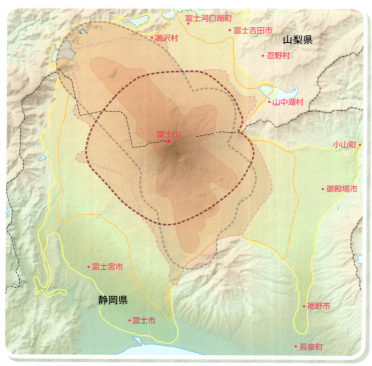

①富士山の噴火によって避難が必要な可能性のある範囲をしめしているハザードマップ。ハザードマップは、さまざまな地図の上に、予測される被害の範囲や避難経路・避難場所などを重ねたもので、住民の防災・減災の備えと意識を高めるためにつくられている。

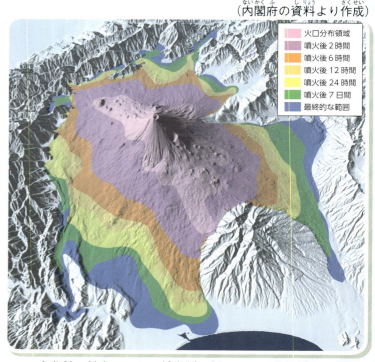

②富士山の噴火によって溶岩流が流れてくる可能性のある範囲を鳥瞰図（ななめ上から見た図）にしめしたハザードマップ。

（内閣府の資料より作成）

- 火口分布領域
- 噴火後2時間
- 噴火後6時間
- 噴火後12時間
- 噴火後24時間
- 噴火後7日間
- 最終的な範囲

①の図は富士山が噴火した（またはおそれがある）とき、次のような可能性がある範囲をしめしています。
- 火口ができる
- すぐに避難が必要
- 火砕流の高熱ガスがとどく
- 火口から噴石が落ちてくる
- 溶岩が3時間ほどでとどく
- 火口位置によって避難が必要
- とても大きな噴火の場合、避難が必要

23ページの地図は、もし富士山が噴火した場合に、火山灰が降るかもしれない範囲をあらわしているよ。火山灰がどのくらい積もるのかを色分けしているんだ。富士山が噴火したとき、火山灰は日本のはるか上空を西から東に吹いている偏西風にのって、東側に降ると考えられているよ。このように自然災害によって被害が出る可能性のある範囲を予測した地図をハザードマップというんだ。

**こたえ**

住民のために、富士山の噴火で火山灰が積もる範囲を予測したハザードマップ。

# 海底の地形図からわかることは？

（提供：一般財団法人 日本水路協会海洋情報研究センター）

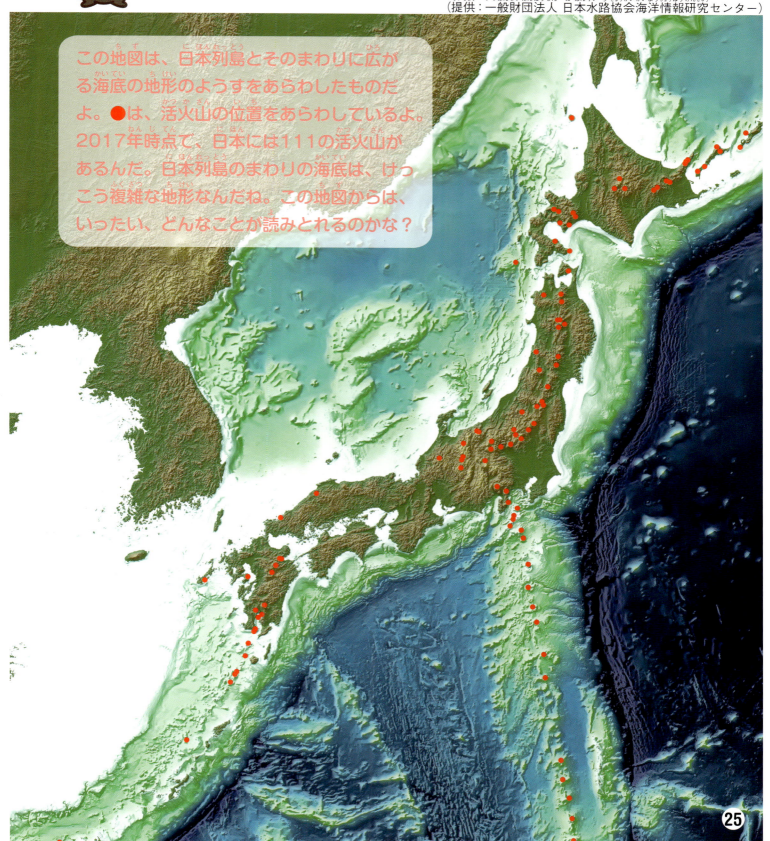

この地図は、日本列島とそのまわりに広がる海底の地形のようすをあらわしたものだよ。●は、活火山の位置をあらわしているよ。2017年時点で、日本には111の活火山があるんだ。日本列島のまわりの海底は、けっこう複雑な地形なんだね。この地図からは、いったい、どんなことが読みとれるのかな？

日本列島のまわりが白くなっているから、ここは、きっと浅い海ね。青が濃いところが深い海かしら。そうすると、日本の東側の海は、崖みたいに急に深くなっているわ。

東北地方や九州地方では、日本列島の形にそって●が並んでいるように見えるなあ。南へ向かって並んでいる活火山もあるね。

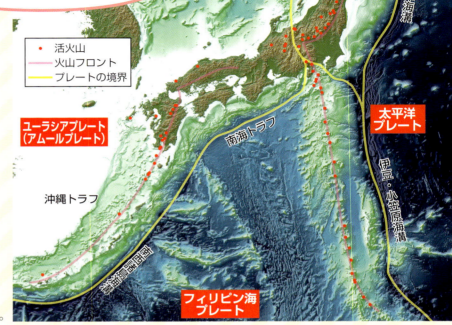

海溝は、海底が溝のように一段と深くなっているところ。特に太平洋には、日本列島に沿って水深7000〜8000mもある日本海溝が走っている。トラフは、海溝よりも浅く、はば広い海底の溝のこと。また、プレートは、地球の表面をおおう、かたい板のような岩の層で、厚さは100kmほどある。日本列島周辺で4枚のプレートがぶつかっている。

この地図を見ると日本の活火山は、青が濃くなっている海溝と一定の距離をおいて、規則的に並んでいることがわかる。海溝にもっとも近い火山を結んだ線のことを「火山フロント」というよ。ふしぎなことに、火山フロントと海溝の間には、火山が見られないんだ。このことは、プレートがしずみこんでいることや、地下でマグマが発生して火山が噴火するしくみと関係があると考えられているんだよ。

## こたえ

太平洋では日本列島に沿うように海溝が見られ、海溝から一定の距離をおいて活火山が並んでいる。

# 3章 境界線やデータの地図がおもしろい！

## 何が同じところを結んだ線かな？

この❶～❹の日本地図には、それぞれ「あること」が同じ場所を結んだ線が引かれているよ。線のそばに書きこまれている数字は、日付をあらわしているんだ。
❶～❹の地図のうち、アジサイが開花した日をあらわす線が引かれているのは、どれかな？　どうして、そう判断できるのかも考えてみよう！

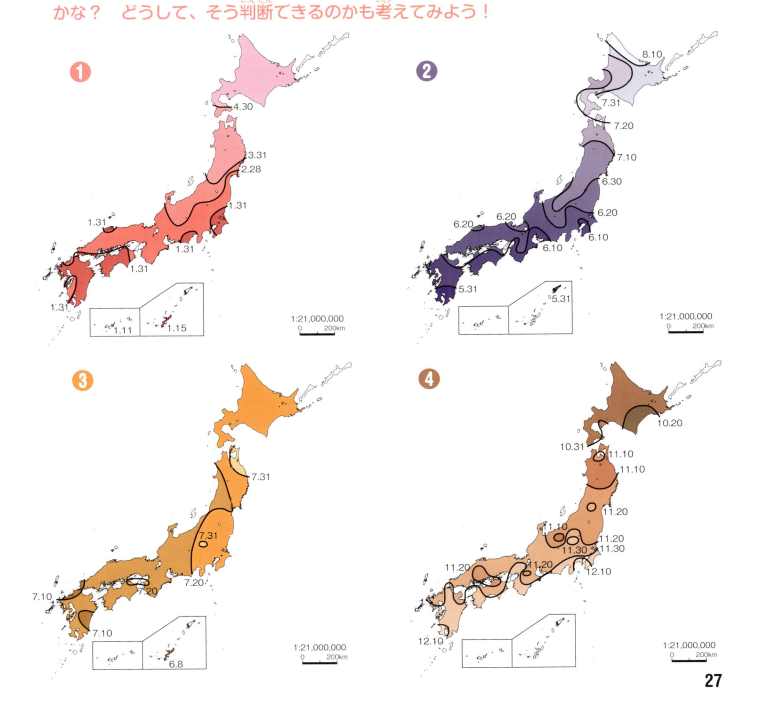

❶〜❹の地図に引かれている線は、タイミングが同じ場所を結んだ線（等期日線）だ。気象のことを担当する気象庁という役所が、1年で開花したり紅葉したりした日、鳥や虫を初めて見た日（初見日）、鳴き声を初めて聞いた日（初鳴日）などを全国で観測している。その結果を地図にしたもの（等期日線図）が、❶〜❹なんだ。
❶はウメの開花日、❷はアジサイの開花日、❸はアブラゼミの初鳴日、❹はカエデの紅葉日だよ。❶〜❸は南から北へ、❹は北から南へと日付が変わっていっているんだよ。

サクラの花を見たり、ウグイスの鳴き声を聞いたりすると、春のおとずれを感じるよね。

同じ日本でも、北の北海道と南の沖縄では、ずいぶんとちがいがあるのね！

（27〜28ページの6枚の地図は、気象庁のホームページより作成）

**こたえ**

❷の地図に、アジサイの開花日をあらわした線が引かれている。アジサイは梅雨のころに開花するから。

# 現在の都道府県の境界線は、どれ？

下の❶～❸の日本地図には、さまざまな境界線が引かれているよ。海岸線は同じだけれど、日本列島のなかに引く境界線によって、いろいろな分け方を表現できるんだ。この３枚のうち、現在の都道府県の境界線が引かれている日本地図は、どれかな？

日本地図は見慣れているはずなのに……。よく見て、ちがいを見つけないと、わからないわ。

うまく47都道府県の地図を探せたかな？ ❶の地図は、明治時代のはじめ、廃藩置県によって3府72県となった時期の日本地図だよ。❷は、それ以前に日本全国が「令制国」に分けられていた時期の日本地図だ。どちらも日本国内の昔の境界線をあらわしているんだ。右下のように、❷の地図と❸の現在の日本地図を重ねてみると、都道府県の境界線の変化が、ひと目で理解しやすくなるね。

### コラム　廃藩置県

現在の都道府県のような分け方を行政区分というよ。奈良時代から明治時代まで、日本は令制国という「国」に分けられ、行政区分になっていたよ。同時に、江戸時代は大名の治める藩が全国に置かれ、国内が分けられていた。明治時代になると、この藩は廃止され、かわって府や県が置かれたんだ（廃藩置県）。やがて令制国も使われなくなった。

その当初、1871年には3府302県もあったけれど、同じ年に3府72県となり、その後も県の数は減っていったんだ。一番少ないときで3府35県だったこともあるよ。

最終的に整理されて、現在の47都道府県になったのは、アメリカの領土だった沖縄が返還された1972年のことなんだ。

❷と❸を重ねた地図

### こたえ

❸の地図が、現在の47都道府県の境界線をあらわしている。

# 海岸線がなくなると……？

日本地図というと、ふつう海岸線があるのが、あたり前だよね。この海岸線を消してしまうと、どうなるんだろう？　下の❶と❷の図は、日本の「あるルート」をあらわしているけれど、海岸線が引かれていないよ。海岸線がないままで、これが、どんなルートをあらわしている図なのか、わかるかな？

海岸線がなくなると、なんだかサッパリわからないなあ。白い丸や黒い丸は、何をあらわしているんだろう？

じっくりながめていれば、頭の中で海岸線をイメージすることができるのかしら……。

## 新幹線の路線図

東京を中心に、東北地方と九州地方、それに北陸地方にルートがのびているね。

## 高速道路の路線図

❷の方が❶よりもふくらんで、日本列島の形に近く見える。これは、❷のルートの方が広い範囲に広がり、日本全国をカバーしているからだよ。

どちらの図も、海岸線がないけれど、なんとなく日本地図に見える。これは、日本列島が南北に細長く弓なりに連なり、端から端までルートがのびているからだ。また、どちらのルートにも、始点・終点・分岐点に○や●が見られ、駅や都市の名前が書かれている。❶は新幹線、❷は高速道路のルートだったんだね。海と陸の境目をあらわす海岸線がなくなるだけで、地図の読みとりは、とてもむずかしくなるんだよ。

わたしたちが地図を見るとき、海岸線や都道府県の形に、とてもたよっていることがわかるわね。

**こたえ** ①は新幹線、②は高速道路のルートをしめした路線図。

# これも、日本地図なの？

下の❶と❷は、1965年から1995年へのあることの変化をあらわした地図だよ。
今度は海岸線が書かれているけれど、ずいぶんと形がゆがんでいるね。
しかも、❶よりも❷の方が、形のゆがみや大きさの変化がはげしいよ。
いったい、❶と❷の地図は、何をあらわしている地図なんだろう？

海岸線の形がぜんぜんちがうから、
日本じゃないみたい……。
こんな日本地図、見たことないわ！
それに、中心の東京から見ると、だいぶ
北海道や九州が近づいているけれど、
どうしてなのかしら？　時間って、
何の時間をあらわしているの？

❶1965年　　　　　　　　　　　　　　　❷1995年

中心は東京●　　　　　　　　　　　　中心は東京●

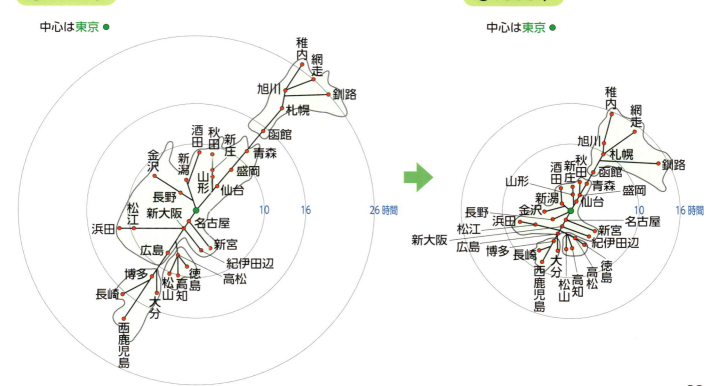

この地図は、鉄道で移動する時間を距離に置きかえた「時間地図」だよ。中心からの長さが短ければ短いほど、鉄道に乗っている時間も短いことをあらわしているんだ。1965年から1995年までの間に、高速鉄道である新幹線の路線網が発達したことにより、全国各地を移動する所要時間がとても短くなり、日本列島がせまく感じるようになったことを視覚的にあらわしているんだ。

このように、さまざまなデータにもとづいて変形させる地図のことを「カルトグラム」というよ。データを地図上に目で見せるため、データの大きさにあわせて、もとの地図の形を変形させる。だから、ゆがんだ形で表現されるんだよ。データをくらべたり、分析・管理したりするのに効果があるんだ。

### 2016年のカルトグラム

中心は東京

そっか！　この地図上では距離が短くなっているけれど、現実の距離は変わらないのか。だから、鉄道のスピードが速くなったということになるんだね。

たとえば、東京—札幌間について考えてみよう。じっさいには、2つの都市の距離は、変化するわけがない。しかし、1995年の地図では10時間以内に、2016年の地図では、さらに所要時間が短くなっている。だから、目的地に着くまでの鉄道のスピードが速くなったということがわかるんだ。

### こたえ

鉄道の所要時間のデータにあわせて形を変形させたカルトグラム。

# 都道府県ごとの特ちょうは？

下の❶～❹の日本地図は、それぞれ「人口」・「農業生産額」・「工業生産額」・「商品販売額」の多い都道府県から順に番号をふっていき、上から5つごとにまとめて色をぬり分けたものだよ。❶～❹のうち、「工業生産額」の地図は、どれかな？
どうして、そう思うのか、理由も考えてみよう！

（総務省のホームページなどより作成）

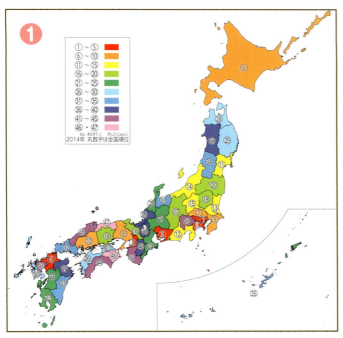

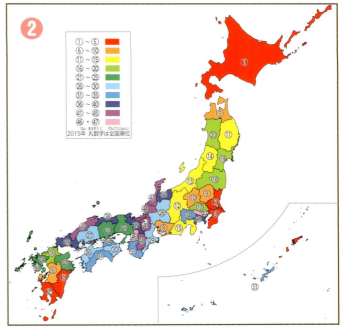

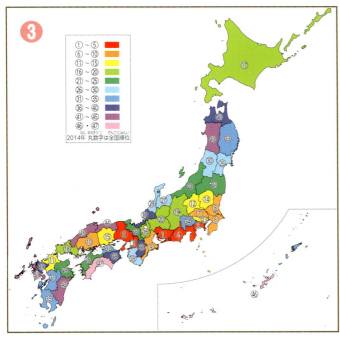

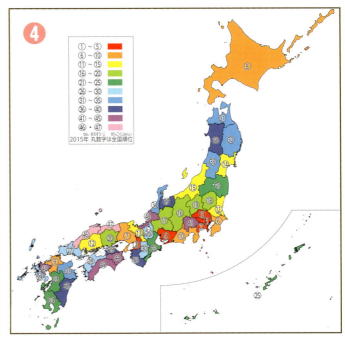

❷の地図は、ほかの地図とあきらかに傾向がちがうよ。北海道が1位だし、九州地方に上位の県が多いもん。

みんな、良いところに目をつけたね。たとえば、❷と❸の地図の関東地方から中国地方までの範囲を見くらべてみよう。順位の低い県が多い❷は「農業生産額」、順位の高い県が集まる❸は「工業生産額」の地図と判断できるよ。
また、人口が多いところは商品販売額も多くなるので、❶と❹の地図では色のパターンが似ているよ。❶は「商品販売額」、❹は「人口」のデータをあらわした地図だ。
このようにデータをもとに地図の色を変えるだけで、地域ごとの特ちょうが浮かび上がってくるんだよ。

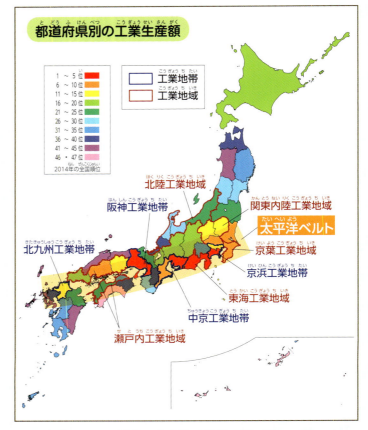

この地図からは、上位の都府県が東西に長く連なる帯のように集まっていることがわかる。この地域は、工業のさかんな都府県が多く、工業地帯や工業地域が太平洋に面した海沿いを中心に集まるため、「太平洋ベルト」と呼ばれているんだ。

❸の地図の上位の県は、関東地方から中国地方にかけての海沿いに集まっているように見えるなあ。

❶と❹の地図は、なんだか色のぬられ方が似ている気がするわ。

**こたえ**
③が「工業生産額」の地図。理由は、太平洋ベルトに生産額が多い都府県が集まっているから。

# アフリカの開発途上国に共通する問題は？

次は、世界に目を向けてみよう。下の地図は、アフリカ大陸の国々をあらわしたものだよ。アフリカの開発途上国のなかでも、この地図で色がぬられている国々には、ある共通する問題があることから、特別な配りょや支援が必要とされているんだ。この地図を見て、どのような共通する問題があるのかを考えてみよう。

色がぬられている国には、特に開発が遅れている後発開発途上国も、そうでない国もあるわ。いったい、どんな共通点があるのかしら……。

赤字　特に開発が遅れている後発開発途上国
　　　特別な配りょが必要とされる開発途上国

アフリカには、開発途上国が多いよ。開発途上国とは、日本やアメリカのような先進国にくらべて経済発展などの水準が低く、開発が遅れている国のことだ。

凡例:
- 後発開発途上国
- 内陸開発途上国
- 小島しょ開発途上国

同じように、小さな島々で構成される国も、地球温暖化による海面の上昇や、大陸から遠く離れている島国であることなどから、特別な配りょや支援が必要とされているぞ。

37ページのアフリカの地図を見ると、色がぬられている国々は、すべて海に面していないことが読みとれるよ。つまり、内陸国であることが共通点なんだ。
内陸国の場合、外国と船で貿易をするためには、ほかの国の港を使わなければならない。自分の国から港へと商品を運ぶのに、国境を越えなければならず、どうしても輸送費や税金などがかかる。だから、外国との貿易で不利な立場に置かれ、開発が遅れやすいんだ。そのため、道路や空港の整備などによる特別な配りょや支援が必要とされているよ。このような開発途上国ならではの問題も、地図にしめしてみて、はじめて理解しやすくなるんだね。

**こたえ**

海に面していない内陸にあるため、貿易をおこなうときに不利になってしまうという問題。

# 4章 地図から昔のこともわかるの？

## 寺が集まっているのは、なぜ？

この地形図は、青森県弘前市の市街地のものだ。寺院の地図記号（卍）が集まっている地域が、2か所見られるよ。江戸時代のはじめ、弘前藩の殿さまが、地形と町のつくりのことを考えて、各地の寺院を計画的に移したといわれているんだ。ここに寺院が集められたのは、どうしてかな？
地形図から読みとれることをもとに、考えてみよう。

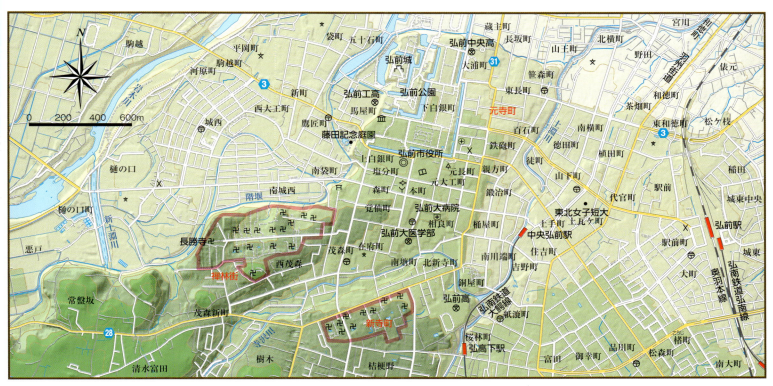

弘前の町は、お城のまわりに広がっているよ。お寺が集まっているところは、お城からつながる小高い台地だね。

大工町や鍛治町って、仕事が町の名前になっているよ。大工さんや鍛治屋さんが住んでいたのかしら？

39

城下町では、武士はもちろん、商人や職人も城の近くに集めて住まわせていたため、その名残のある町の名前が見られるよ。

城下町には、敵が攻めてきたときに行く手を見わたせないようにするため、道がアルファベットのTやLの字のようになっているところが多く、袋小路と呼ばれる行き止まりも見られる。自動車では走りにくい複雑な道路が多いんだ。

弘前の市街地は、城のまわりにつくられた城下町だよ。
弘前の城下町の特ちょうは、寺の集まっている場所が「とりで（出城）」として城を守る役割をはたしていたことだよ。かつては土を盛って土手（土塁）を築き、堀が掘られていたんだ。
弘前城は、東西と北を川にはさまれているから、攻めにくく守りやすい城だった。しかし、標高が高くなっている南側の台地から見下ろされることになるため、わざわざ寺を集めて、とりでとして、城の弱点をおぎなおうとしたんだね。

## こたえ

南側から台地が続いているため、城と城下町の南側を守る「とりで」として、寺を集めた。

# 等高線の変化は、どうして？

下の２枚の地形図は、どちらも長崎県の雲仙・普賢岳の地形図だよ。上は1970年、下は2017年のものだ。この２枚の地形図をよく見くらべると、同じ山なのに、等高線（→２巻22〜23ページ）に大きな変化があったことがわかるよ。どうして、こんなに等高線が変化してしまったのだろう？

(国土地理院発行・縮尺25000分の１地形図『島原』1970年、2017年)

41

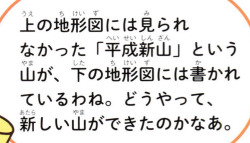

普賢岳の頂上近くの等高線のようすが、ずいぶんとちがうわね。

上の地形図には見られなかった「平成新山」という山が、下の地形図には書かれているわね。どうやって、新しい山ができたのかなあ。

上の地形図では複雑に曲がっていた等高線が、下の地形図は単純な線に変わっているよ。何かがおこったのかもよ。

この2枚の地形図を見くらべてみると、「普賢岳」の東側の等高線に大きな変化が見られる。もともと複雑に折れ曲がっていた等高線はまっすぐになって、新しくできた「平成新山」を中心に同じはばの円を描くように広がっている。1990年代はじめに普賢岳が噴火して、発生した火砕流や土石流が谷を埋め、普賢岳の地形を大きくならしていったんだ。平成新山は、この噴火によってできた溶岩ドームだよ。

この2枚の地形図からは、山の形を変えてしまうほど大きかった噴火のようすを読みとることができるんだ。

 **コラム　雲仙・普賢岳の噴火**

1990年代はじめ、雲仙・普賢岳は何度も噴火をくり返し、地下から上がってきた溶岩が火口でかたまって、溶岩ドームができた。溶岩ドームが成長しては何度もくずれ、高温の火山ガスが1万回近くも火砕流となって流れ出した。

この火砕流は、ふもとの集落をのみこんだり、雨が降った後には、さらに土石流を発生させたりして、大きな被害をもたらしたんだ。

**こたえ**

火山の噴火によって発生した火砕流や土石流が、山の地形をならしていったから。

# どうして御土居はつくられた？

安土・桃山時代、豊臣秀吉は、京都の中心部をかこむように、土を盛って土手のような土塁(御土居)を築いた。この「御土居」には、京都の中心部を敵から守るほかにも、役割があったといわれているんだ。
下の地図を見て考えられる御土居の役割とは、いったい何だろう？

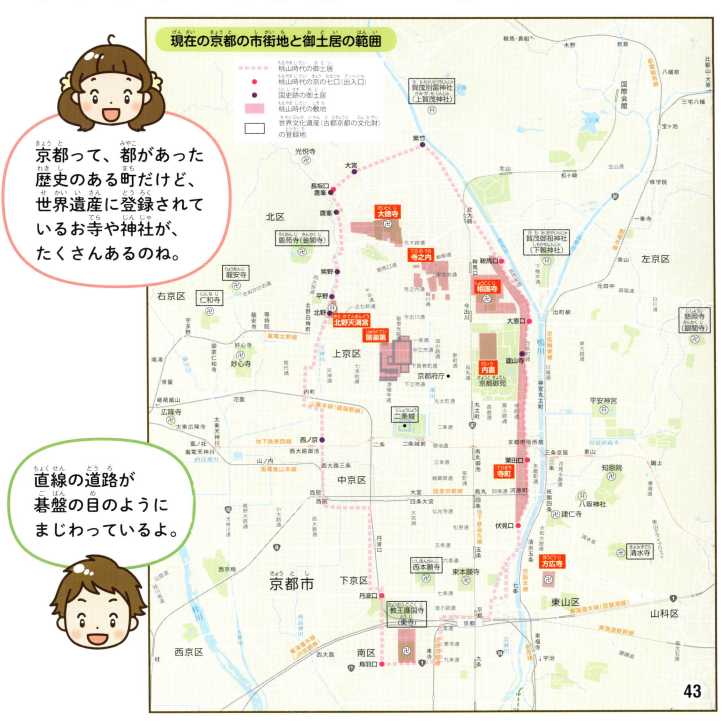

京都って、都があった歴史のある町だけど、世界遺産に登録されているお寺や神社が、たくさんあるのね。

直線の道路が碁盤の目のようにまじわっているよ。

地図をよく見ると、御土居の東側は、川に沿っているよね。これは、御土居に京都の中心地を鴨川の洪水から守る役割もあったからなんだ。「山河襟帯・自然作城※」といわれたように、京都には鴨川や桂川などが流れている。そのため、早くから舟による水運に便利な地だったけれど、洪水も多く、住民をなやませてきたんだ。豊富な水にめぐまれた京都の町を守るためには、水害という敵にも立ち向かう必要があったんだね。

※襟のような山にかこまれ、川が帯のように流れている自然の地形にあわせて都をつくること。桓武天皇が平安京に都を移したときに残したことば。

戦国の世を終わらせるべく織田信長のあとを受けた豊臣秀吉は、戦乱で荒れていた京都の都市改造と聚楽第の建設を諸大名に命じ、今の京都の町並のもとをつくったよ。京都の中心地は「御土居」によってかこまれて「洛中」と呼ばれ、外側の「洛外」と区別されるようになった。そして、鴨川に沿って強制的に寺院の位置を移して集め、「寺町」とした。
こうして京都は、聚楽第の巨大な城下町のように変わったんだ。

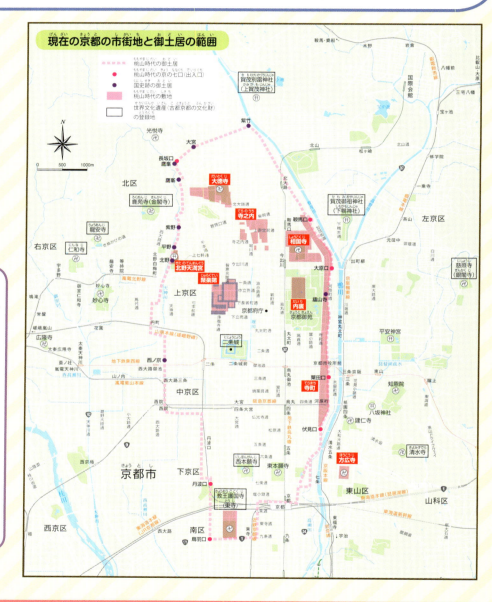

現在の京都の市街地と御土居の範囲

## こたえ

鴨川の洪水から京都の中心部を守るという役割。

# ウェゲナーが気づいたことは？

20世紀はじめ、ドイツ人気象学者のウェゲナーは、イギリス中心に描かれた世界地図を見ているとき、大陸について「あること」に気づいたよ。そこから大昔の地球に関する新しい仮説を発表したんだ。この説は現在では、広く受け入れられているよ。下の世界地図を見て、ウェゲナーが大陸について気づいた「あること」は、何なのかを考えてみよう！

中心をずらしただけで、いつもの世界地図とまったく別の地図に見えるんだね。日本は東の端の方にあるのかあ。

この地図の中心には4つの大陸が描かれているけど、その真ん中に大西洋が広がっているわね。

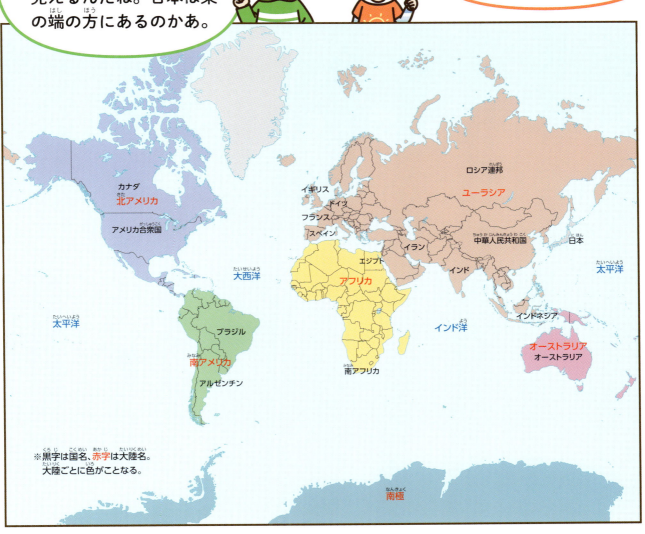

※黒字は国名、赤字は大陸名。大陸ごとに色がことなる。

45ページの地図の中心に描かれた4つの大陸の海岸線を見くらべてみよう。東と西でつながるような気がしてこないかい？
ウェゲナーは、世界地図を見て、大西洋をはさんだ大陸どうしの海岸線が似ていることに気づいたんだ。そして、もともとひとつだった大陸が、2つに分かれたのではないかと考えた。これがヒントになって、ウェゲナーは「大陸移動説」をとなえたんだよ。

大昔は、パズルみたいに世界の大陸がひとつにつながっていたと考えられているんだね！

大陸移動説は、大昔の地球にはひとつしかなかった大陸（パンゲア）が分裂して、現在のように分かれていったという説だ。
ウェゲナーは、化石や地層の分布も向かいあう2つの大陸で連続していることを見つけた。ところが、大陸は動かないという当時の常識を打ちやぶることはできず、この説は長らく認められなかった。ウェゲナーは、自分の説を証明するために、グリーンランドを探検しているときに亡くなったよ。
やがて科学の進歩とともに大陸移動説が裏づけられ、プレート（➡26ページ）の動きを説明する理論へと発展していったんだ。プレートの動きによって、太平洋にある島のハワイは、1年間に12cmほど日本に近づいているんだよ。

**こたえ**
大西洋をはさんで向かいあう大陸どうしの海岸線が似ていること。

# さまざまな地図で考えて、気づいたことは？

ここまで、さまざまな種類の地図がしょうかいされてきたね。
いろいろなテーマの地図を見たり、考えたりして、どんなことに気づいたかな？

> 不動産屋さんの地図や地下をあらわした地図のように、最初に地図の題名がないと、どんな地図なのかを読みとるのが、むずかしかったよ。

> 地図に情報を重ねると、わかりやすくなることもあると思うけれど、何枚かの地図を並べてみると、より変化がくらべやすくなるわね。

> 海岸線がない地図や、同じ日本地図なのに境界線がちがう地図は、読みとるのがむずかしかったわ。線の引き方だけで、いろいろなことがあらわせるのね。

> 色をぬり分けたり、文字やデータを書きこんだり、線をくわえたりすることで、地図にさまざまな情報を重ねることができる。また、同じ範囲の地図を2枚並べてみる場合もあったよね。このように地図を重ねたり、並べたりすると、ちがいや変化がわかりやすくなる。それまで気づかなかったことが、読みとれるかもしれない。「情報を比較すること」は、地図を読んで考えるうえで、とても大切な方法なんだよ。

## 監修　早川明夫（はやかわあきお）

高校で教頭を勤めた後、文教大学で中高社会科の教員養成にあたる。現在、文教大学生涯学習センター、森上教育研究所講師。埼玉県歴史教育者協議会前会長。専門は日本史。『ジュニアエラ』（朝日新聞出版）の監修・執筆、朝日新聞（埼玉版）「はぐくむ」の執筆、日本経済新聞「ニュースにチャレンジ」、読売新聞のＷＥＢサイト「ここが出る！新聞の読み方」などを担当。おもな著書に『立体地図で見る日本の国土とくらし（全５巻）』（監修、国土社）、『総合資料日本史』（共著、令文社）、『最新社会科写真資料 歴史 上・下』（共著、日本書籍出版）、『応用自在・社会』（共著、学研）ほか多数。

### おもな参考文献（順不同）

国土地理院「平成25年２万５千分１地形図図式（表示基準）」、早川明夫監修『立体地図で見る日本の国土とくらし（全５巻）』（国土社）、『日本のすがた（全９巻）』（帝国書院）、帝国書院編集部『新詳資料　地理の研究』（帝国書院）、『日本国勢図会　2017/18年版』（公益財団法人　矢野恒太記念会）、『世界大百科事典（全34巻）』（平凡社）　ほか

その他、国土地理院のホームページ（http://www.gsi.go.jp）をはじめ、多数のホームページおよび小学校社会科用教科書を参考にさせていただきました。

### この本づくりにたずさわった人たち

- 装丁・デザイン・イラスト …… 有限会社　熊アート
- 編集協力・図版作成 …………… 株式会社ジェオ（大野久徳、堀江謙一、笠木 成、小倉幸夫）
- 企画・編集 ……………………… 篠田一希

## 地図っておもしろい！③　いろいろな地図で考えてみよう

2018年3月10日　初版第1刷発行

監修　早川明夫
編集　国土社編集部
発行　株式会社　国土社
　　　〒102-0094　東京都千代田区紀尾井町3-6
　　　TEL　03（6272）6125　FAX　03（6272）6126
　　　URL　http://www.kokudosha.co.jp

印刷　株式会社　厚徳社
製本　株式会社　難波製本

NDC291　48p/29cm　ISBN978-4-337-28303-9　C8325
Printed in Japan　©2018 Kokudosha